Nature's Cycles
Plants

Los ciclos de la naturaleza
Las plantas

Dana Meachen Rau

 **Marshall Cavendish**
Benchmark
New York

2

Look at the garden. Plants start small. Then they grow. Soon they flower. They make seeds. Seeds become new plants. This is a plant's *life cycle*.

Mira el jardín. Al principio, las plantas son pequeñas. Luego crecen. Pronto florecen. Producen semillas. Las semillas se transforman en plantas nuevas. Este es el *ciclo de vida* de una planta.

Some seeds are tiny. Some are big. A coconut is a large seed. An acorn is smaller.

————◆————

Algunas semillas son diminutas. Otras son grandes. El coco es una semilla grande.
La bellota es más pequeña.

A carrot seed is tiny!

¡La semilla de una zanahoria es diminuta!

A seed holds a young plant and the food it needs to start growing. A hard cover, called a *seed coat*, keeps the plant safe. A seed starts to grow when the air is warm and the *soil* is moist.

La semilla contiene una planta joven y el alimento que necesita para empezar a crecer. Una envoltura dura, llamada *cubierta seminal*, mantiene segura a la planta. La semilla empieza a crecer cuando el aire es cálido y el *suelo* está húmedo.

7

8

When the seed gets wet, the seed coat splits. A *root* comes out the bottom. The root grows down into the ground. It takes in water from the soil.

Cuando la semilla recibe humedad, la cubierta seminal se abre. De la parte inferior sale la *raíz*. La raíz se entierra en el suelo. Absorbe el agua del suelo.

A *stem* comes out of the top of the seed. It pokes out of the soil. It grows up toward the sun.

De la parte superior de la semilla, sale el *tallo*. Se asoma desde el suelo. Crece hacia el sol.

Buds form on the stem. Some buds become leaves. The leaves use sunlight to help the plant make food. This food keeps the plant growing.

En el tallo se forman *yemas*. Algunas yemas se convierten en hojas. Las hojas usan la luz del sol para que la planta produzca alimento. Este alimento hace que la planta siga creciendo.

Other buds turn into flowers. Flowers are the parts of plants that make more seeds. Look inside the petals of a flower.

Otras yemas se vuelven flores. Las flores son las partes de las plantas que producen más semillas. Mira dentro de los pétalos de una flor.

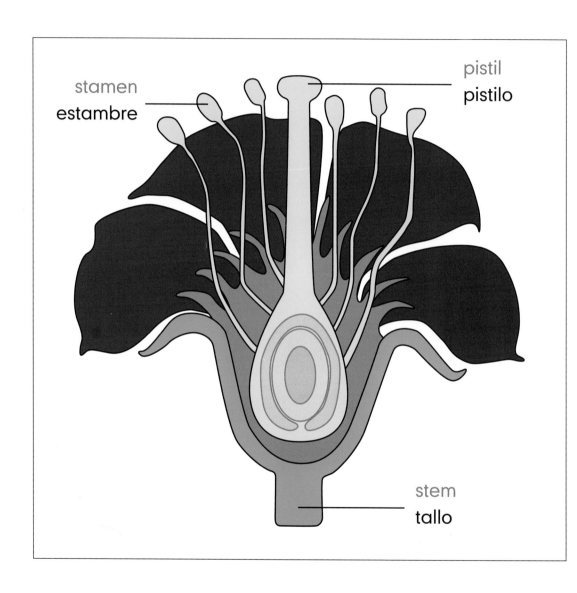

stamen

estambre

pistil

pistilo

stem

tallo

Stamens are like sticks poking up from the center. Stamens make *pollen*. The *pistil* is in the center of the flower. It holds tiny eggs.

Los *estambres* son como palitos que salen desde el centro. Los estambres producen el *polen*. El *pistilo* está en el centro de la flor. Contiene huevos diminutos.

Pollination happens when pollen travels from the stamen to the pistil. Pollen can travel inside the same flower. It can also travel from one flower to another.

La *polinización* ocurre cuando el polen viaja desde el estambre hasta el pistilo. El polen puede viajar dentro de la misma flor. También puede viajar de una flor a otra.

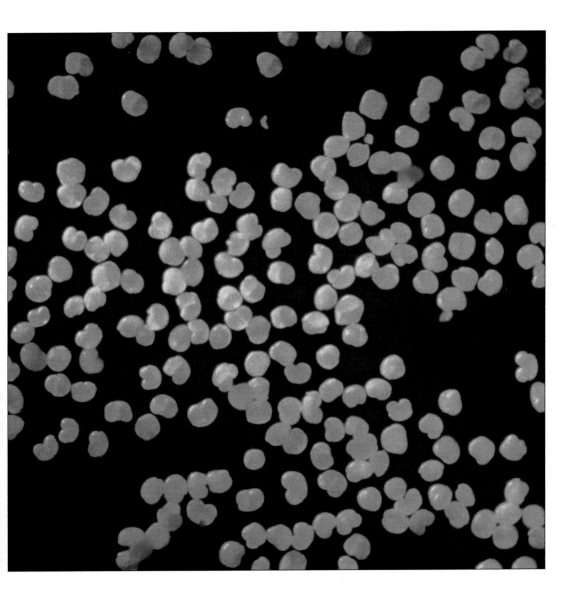

Bees and butterflies help pollinate flowers. Pollen sticks to them when they land on a flower. They bring the pollen to the next flower they visit.

Las abejas y las mariposas ayudan a polinizar las flores. El polen se les pega cuando se posan en una flor. Ellas llevan el polen hasta la siguiente flor que visitan.

The pollen holds what the egg needs to make seeds. It sends it through a tube into the egg. They come together and make a fruit. The fruit holds seeds inside.

El polen contiene lo que el huevo necesita para producir semillas. Lo envía dentro del huevo a través de un tubo. Estos se unen y forman un fruto. El fruto contiene semillas en su interior.

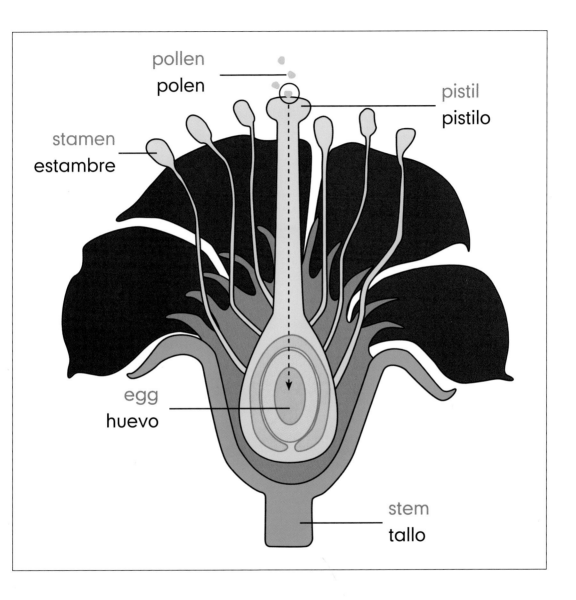

pollen
polen

stamen
estambre

pistil
pistilo

egg
huevo

stem
tallo

Seeds fall onto the soil. They will grow into new plants.

Las semillas caen al suelo. Se convertirán en plantas nuevas.

Some seeds travel. Wind blows seeds through the air. Seeds stick to animals' fur.

Algunas semillas viajan. El viento arrastra las semillas por el aire. Las semillas se pegan al pelaje de los animales.

Some animals eat seeds. The seed lands in a new place when it passes through the animal's body.

Algunos animales comen semillas. Las semillas caen en un lugar nuevo cuando pasan a través del cuerpo del animal.

A sunflower holds hundreds of seeds. Each seed can make a new plant. One sunflower can make a field of flowers!

El girasol contiene cientos de semillas. Cada semilla puede producir una nueva planta. ¡Un girasol puede originar un campo de flores!

Challenge Words

buds—Small bumps on a stem that turn into leaves, flowers, or branches.

life cycle—The series of things that happen over and over again as a plant grows from a seed, flowers, and then makes more seeds.

pistil—The part of a flower that holds the eggs and seeds.

pollen—A powdery substance that helps make seeds.

pollination—When pollen travels from the stamen to the pistil in flowers.

root—The part of a plant that takes in water and food from the soil.

seed coat—The hard cover of a seed.

soil—The earth in which plants grow.

stamens—The parts of the flower that make pollen.

stem—The part of a plant that holds up the leaves and flowers.

Palabras avanzadas

ciclo de vida—La serie de cosas que suceden una y otra vez cuando una planta nace de una semilla, florece y luego produce más semillas.

cubierta seminal—La envoltura dura de una semilla.

estambres—Las partes de la flor que producen el polen.

pistilo—La parte de una flor que contiene los huevos y las semillas.

polen—Una sustancia como polvo que ayuda a producir semillas.

polinización—Cuando el polen viaja desde el estambre hasta el pistilo en las flores.

raíz—La parte de una planta que absorbe el agua y el alimento del suelo.

suelo—La tierra en la que crecen las plantas.

tallo—La parte de una planta que sostiene las hojas y las flores.

yemas—Pequeños bultos en un tallo que se convierten en hojas, flores o ramas.

Index

Page numbers in **boldface** are illustrations.

Índice

Las páginas indicadas con números en
negrita tienen ilustraciones.

The author would like to thank Paula Meachen
for her scientific guidance and expertise in reviewing this book.

With thanks to Nanci Vargus, Ed.D.,
and Beth Walker Gambro, reading consultants.

Marshall Cavendish Benchmark
99 White Plains Road
Tarrytown, New York 10591
www.marshallcavendish.us

Text copyright © 2010 by Marshall Cavendish Corporation

Library of Congress Cataloging-in-Publication Data

Rau, Dana Meachen, 1971–
[Plants. Spanish & English]
Plants = Las plantas / Dana Meachen Rau.
p. cm. — (Bookworms. Nature's cycles = Los ciclos de la naturaleza)
Includes index.
Parallel text in English and Spanish; translated from the English.
ISBN 978-0-7614-4790-0 (bilingual ed.) — ISBN 978-0-7614-4097-0 (English ed.)
1. Plant life cycles—Juvenile literature. 2. Plants—Juvenile literature. I. Title. II. Title: Plantas.
QK49.R3918 2010
580—dc22
2009019021

Editor: Christina Gardeski
Publisher: Michelle Bisson
Designer: Virginia Pope
Art Director: Anahid Hamparian

Spanish Translation and Text Composition by Victory Productions, Inc.
www.victoryprd.com

Photo Research by Anne Burns Images

Cover Photo by *Getty Images*/Bridget Webber

The photographs in this book are used with permission and through the courtesy of:
Photo Researchers: pp. 1, 15 Mark Burnett; p. 4L F. Stuart Westmorland; p. 4R Michael P. Gadomski; p. 5 Doug Martin; p. 7 John Kaprielian; pp. 8, 11 Mark Boulton; p. 12 Martin Shields; p. 19 James Bell; p. 20 James H. Robinson; p. 24 William Harlow; p. 26 E. R. Degginger; p. 27 Stephen J. Krasemann; p. 28 Holly C. Freeman. *Corbis:* p. 3 Patrick Johns.

Printed in Malaysia
1 3 5 6 4 2

7/12 (1) 3/11

8/14 (5) 7/14

6/18 (14) 10/17